À bas l'ennui !

Un guide qui aidera les enfants à combattre l'ennui

Textes de
R.W. Alley

Illustrations de
R.W. Alley

ÉDITIONS
DU SIGNE

ÉDITEUR :
ÉDITIONS DU SIGNE
BP 4
67038 STRASBOURG CEDEX 2
Tél. (00-33) (0) 3 88 78 91 91
Fax (00-33) (0) 3 88 78 91 99
e-mail : info@editionsdusigne.fr
www.editionsdusigne.fr

Texte :
R.W. Alley

Traduction :
Nadine Deffieux - Didier Dolna

Illustrations :
R.W. Alley

Version française :

Version originale publiée aux USA
Titre original : « Making a Boring Day Better »

Édité aux USA par One Caring Place - Abbey Press - St. Meinrad, Indiana 47577

ISBN : 978-2-7468-2430-0

Imprimé en U.E.

Un message à l'attention des parents, des enseignants et de tous ceux qui s'occupent d'enfants

On pourrait penser qu'à notre époque, avec les clubs sportifs, les jeux vidéos, les centres de loisirs, les programmes de télévision, les livres et les films dont ils disposent, il est impossible que les enfants s'ennuient. Or tous ceux qui s'occupent d'enfants savent bien qu'il n'en est rien.

Les enfants d'aujourd'hui ne sont pas différents des enfants d'hier (leurs parents) ou des enfants d'antan (leurs grands-parents). Ils sont intelligents, curieux, et, semble-t-il, remplis d'une énergie sans limite ; il leur arrive aussi d'être désorientés par les sentiments qu'ils éprouvent, et ils ne savent pas toujours demander qu'on les aide à y voir plus clair.

Personne au monde n'aime s'ennuyer. La plupart du temps, l'ennui arrive comme ça, sans prévenir, on n'y peut rien, mais on peut le chasser et c'est ça qui est important. Nous, les adultes, nous avons chacun notre solution pour lutter contre l'ennui : on appelle un ami, on sort le vélo pour une balade, on commence un livre qu'on a toujours voulu lire. Mais, même si ça marche, il ne faut pas oublier que ça n'est qu'une réponse individuelle qui ne peut s'appliquer à tout le monde.

Si votre enfant s'ennuie et s'il s'en plaint, n'essayez pas de lui faire la leçon avec vos critères et vos expériences d'adultes. Posez-lui des questions. Demandez-lui de vous dire avec ses propres mots ce que s'ennuyer veut dire pour lui. En expliquant ce qu'il ressent, il aura la sensation de mieux contrôler ce sentiment, et peut-être que le simple fait d'en parler pourra l'aider à trouver lui-même la solution pour chasser son ennui.

L'une des choses les plus utiles qu'un adulte puisse faire pour un enfant, c'est de lui apprendre à se retrouver seul face à lui-même et à ses pensées, de lui montrer qu'il n'y a pas toujours besoin de brancher ou d'organiser quelque chose pour se sentir bien. Le tout est de s'apprivoiser soi-même, d'apprendre à devenir soi-même son meilleur ami.

Cet ouvrage parle des nombreuses façons dont un enfant peut s'ennuyer et offre quelques solutions pour combattre l'ennui. Lisez-le avec votre enfant ; il sera un bon point de départ pour une discussion sur l'ennui. Puis laissez votre amour pour votre enfant et ses questions vous guider pour la suite du chemin !

Rien à faire

Tu t'ennuies. C'est l'horreur ! Personne n'aime s'ennuyer. Quand on s'ennuie, on se sent minable.

S'ennuyer c'est attendre que quelque chose se passe, alors que rien ne se passe. Rien du tout. Et, le pire, c'est que tu as l'impression que ce « rien » va durer toujours.

Heureusement, on peut combattre l'ennui. L'ennui ne vient pas de l'extérieur, il vient de l'intérieur, il vient de toi. Tu ne peux pas l'empêcher d'arriver, mais tu peux l'empêcher de s'installer.

La première chose à faire est de te demander : « Pourquoi est-ce que je m'ennuie ? »

Tout autour de toi

Tu t'ennuies parce que tu es une personne intelligente et curieuse de ce qui t'entoure. Les êtres humains sont comme ça.

Si tu étais une fleur, comprendre le monde qui t'entoure n'aurait aucune importance. Il te suffirait d'avoir de l'eau pour tes racines et du soleil pour tes feuilles.

Si tu étais un écureuil, ton cerveau serait un peu plus sollicité car il te faudrait penser à construire une maison dans les arbres et à chercher des noix pour te nourrir, mais la musique ou le foot n'aurait aucun intérêt.

En revanche, le cerveau d'un être humain est constamment en éveil, attentif à ce qui l'entoure. Or, les choses intéressantes ne sont pas toujours là, juste à côté. Elles sont parfois difficiles à trouver. Si tu attends qu'elles arrivent toutes seules, c'est là que tu commences à t'ennuyer.

Tout le monde s'ennuie

Personne n'échappe à l'ennui. Il arrive à tout le monde de se dire : « Je ne me suis jamais autant ennuyé. »

Mais on ne s'ennuie pas tous de la même façon. Parfois l'ennui peut rendre agressif. On en veut aux gens qui ne s'ennuient pas. D'autres fois, l'ennui peut accabler. Tout ce qu'on veut c'est ne rien faire, dormir, même si on n'a pas sommeil.

Ce qui est sûr, c'est que quand tu t'ennuies, tu as l'impression que tout le monde a quelque chose à faire et que tu es la seule personne qui n'a absolument RIEN À FAIRE DU TOUT.

Où sont-ils tous passés ?

D'où vient qu'aujourd'hui tu t'ennuies ? Pourquoi es-tu allongée sur ton lit à fixer le plafond ?

Ta meilleure amie est à son club de tennis et ton frère fait ses gammes au piano. Maman est dans le jardin, elle peint un bouquet de pétunias. Papa est dans l'atelier, il peaufine son système pour interdire aux écureuils l'accès de la mangeoire aux oiseaux.

Pour l'instant personne ne se soucie de toi. Chacun est occupé. Mais ça ne veut pas dire qu'ils n'auront pas du temps pour toi plus tard dans la journée.

Du temps pour quelque chose de nouveau

Si tu en profitais pour essayer de faire quelque chose de nouveau de ton côté ?

Il y a peut-être quelque chose que tu as toujours voulu essayer mais que tu n'as jamais eu le temps de commencer. Et cette maquette que tu as eue lors de ton dernier anniversaire, celle dont tu pensais que tu n'aurais jamais le temps de la construire ?…

Et pourquoi pas la peinture ? Ça a l'air intéressant, ça passionne maman. Mais toi, ce ne sont pas les fleurs que tu as envie de peindre. Tu trouves que les arbres au bord de la route sont plus intéressants. Alors vas-y et quand tu auras fini, tu lui montreras ton tableau.

Ça aurait été amusant

Parfois tu t'ennuies parce que ce que tu avais prévu de faire ne peut pas se faire.

La météo avait prévu du soleil. La veille, tu avais tout vérifié pour le pique-nique : les chaises de plage, les draps de bain, la pelle, le seau, tout était prêt. Tu t'étais même levé plus tôt et tu t'étais enduit de crème solaire.

Mais BRAOUMMMMM !!! Qu'est-ce qu'on entend ? C'est l'orage ! Et voilà la pluie qui frappe les vitres et dégouline dans les gouttières !

Ce n'est pas comme ça que ça aurait dû se passer ; ce n'est pas ce qui était prévu.

C'est le bon moment pour un nouveau plan

Bon, ton plan pour la journée n'a pas marché. Mais c'est juste pour aujourd'hui, ce n'est pas pour toujours.

Pense à de nouveaux projets pour demain, ou pour la semaine prochaine.
Fais une liste : où as-tu toujours voulu aller ?
Qu'est-ce que tu as toujours voulu faire ?
Note tout sur un papier.

Une randonnée en montagne, une partie de pêche dans la crique en bas de la côte, une balade en mer, une séance de cinéma avec pop-corn et coca…

Maintenant regarde ta liste. Peut-être y a-t-il quelque chose que tu peux faire là, tout de suite, aujourd'hui même.

SOLDÉ

Qu'est-ce que je fais là ?

Parfois tu t'ennuies parce que tu es quelque part où tu n'as pas envie d'être.

Tu es à un mariage et tu ne connais personne. C'est un collègue de ton Papa qui se marie. Et tu as dû mettre une belle robe et de nouvelles chaussures qui te font mal aux pieds, et les sièges sont durs, et la messe n'en finit pas. Est-ce que ça pourrait être pire encore ?

Bon, regarde les gens autour de toi : oui, d'accord, tu ne les connais pas ; mais justement, amuse-toi à imaginer les prénoms qui pourraient aller avec ces visages et ce que ces gens affublés de tels noms pourraient bien faire.

Tiens, cette dame, on pourrait l'appeler Schéhérazade et elle irait au supermarché à dos de dromadaire…
Lui, il a une tête à s'appeler Tonton Dagobert et il aurait perdu son pantalon parce que ses bretelles auraient lâché en changeant une ampoule !!! Trop drôle !....

C'est le moment de penser aux autres

Parfois tu t'ennuies parce que, même si tu connais tous les gens qui sont là, tu te trouves à un endroit où tu n'as pas envie d'être comme lors du concert de piano de ton petit frère.

Son morceau ne dure que deux minutes. Mais il faut écouter les 19 pianistes qui le précèdent et les 8 qui le suivent. Tu t'ennuies déjà avant même que le premier ait joué sa première note.

Ton frère a travaillé dur pour ce concert. Il a de quoi être fier et toi aussi. Échange ton ennui contre la fierté que tu peux éprouver et le plaisir que tu lui donnes en assistant à son concert.

Pourquoi est-ce que tout le monde est si heureux ?

Tu es au parc d'attractions. C'est immense ! C'est bruyant ! Tes amis s'amusent bien. Mais toi tu trouves que le parc est trop grand et trop bruyant. Les odeurs et la chaleur te donnent la nausée. Tu n'as même pas envie de monter sur les manèges.

Tes amis montent et descendent sur les montagnes russes. Puis ils s'étourdissent dans les grandes tasses tournantes. Ils conduisent leurs autos tamponneuses comme des fous. Et quand c'est fini, ils font la queue pour recommencer encore et encore. Ils te font des signes de la main.

« Allez, viens, c'est trop marrant ! » te disent-ils. Mais tu restes assis sur un banc et tu t'ennuies.

Pourquoi est-ce que tout le monde s'amuse et pas toi ?

Il est temps de laisser tes amis t'aider

Pourquoi est-ce que tu ne participes pas ? Ça a l'air super pourtant. Est-ce qu'à ton ennui ne se mêlerait pas un petit peu de peur devant ces attractions impressionnantes ?

Parles-en à tes amis. Ils te charrieront peut-être un peu au début mais ça ne durera pas. Ils feront ce qu'ils pourront pour t'aider. Et, quand ils t'aideront, mets-y du tien toi aussi. Tu n'es pas obligé d'essayer tout de suite toutes les attractions. Vas-y progressivement. Commence par le manège avec les chevaux de bois. Si après tu as encore besoin de t'asseoir sur le banc, ce n'est pas grave.

Ne laisse pas l'ennui s'installer : pense à ce que tu viens de faire et pense à ce que tu feras la prochaine fois… peut-être les tasses tournantes ou les montagnes russes ?

Porte
de grange
antique
Vieille
carriole
ancien
chemin
antique
Barrière
très, très
ancienne
FERME
-
MUSÉE
"LES LUTINS"

S'ennuyer ou ne pas s'ennuyer

C'est la question que tu peux te poser quand tu es dans une situation où tu trouves qu'il est normal de s'ennuyer.

Par exemple, tu es en vacances avec ta famille et tes parents annoncent : « Il y a un site historique très intéressant tout près d'ici. Les constructions ont plusieurs siècles. Des événements importants se sont déroulés dans ce lieu il y a très longtemps. »

Tu ne connais même pas le nom de l'endroit mais tu sais tout de suite que tu ne l'aimeras pas. Il y aura des panneaux avec des explications écrites en tout petit et des photos en noir et blanc de gens qui vivaient là il y a des centaines d'années. C'est l'ennui assuré.

beurre
à
l'ancienne

Ne laisse pas l'ennui s'installer

C'est bien ce que tu craignais : il y a des vieilles maisons partout. Tout le monde parle de ces vieux bâtiments et des gens qui vivaient là et de ce qui s'y est passé. Mais tu n'écoutes pas : tu t'ennuies.

Pourtant, tu ne peux pas t'empêcher de regarder autour de toi. Tu te demandes : « Qu'est-ce qui s'est passé ici, et là-bas, dans ce champ ? » Est-ce que ça ne serait pas justement parce que tu ne comprends rien à ce qui t'entoure que tu t'ennuies ?

Demande à tes parents de t'expliquer ce que tu as sous les yeux. Imagine à quoi ressemblaient les gens qui vivaient dans ce lieu historique et combien leur vie devait être différente de la tienne.

Plus tu sauras de choses et plus tu auras de questions à poser. Et les questions sont un excellent remède à l'ennui. Il n'y a pas de place pour l'ennui quand ta tête est pleine de questions.

ballades
à poney

Il y a toujours quelque chose à faire

L'ennui ne vient pas du monde, il vient de la façon dont tu regardes le monde.

Tout change dans le monde, à chaque seconde de chaque jour. Parfois les changements sont minuscules, difficiles à remarquer, comme l'effet de la brise sur une aile de papillon. Parfois les changements sont gigantesques, comme la naissance d'un bébé dans une famille.

Chaque changement dans le monde est l'occasion de se raccrocher à quelque chose de nouveau. Laisse-toi emmener et vois jusqu'où ça t'entraîne.

S'ennuyer c'est attendre que quelque chose se passe. N'attends pas ! Tends la main et attrape quelque chose.

R. W. Alley est l'illustrateur d'une série populaire pour adultes (traduite et publiée par les éditions du Cerf dans la collection : Un temps pour...).
Il est aussi l'auteur et l'illustrateur de plusieurs autres livres pour enfants.
Il vit à Barrington, dans le Rhode Island, avec sa femme, sa fille et son fils.